AF188439

Impressum
Verlag: BABADADA GmbH, Nedderfeld 112 , 22529 Hamburg
Geschäftsführer / Verlagsleitung: Harald Hof
Druck: Books on Demand GmbH, In de Tarpen 42, 22848 Norderstedt

Imprint
Publisher: BABADADA GmbH, Nedderfeld 112 , 22529 Hamburg, Germany
Managing Director / Publishing direction: Harald Hof
Print: Books on Demand GmbH, In de Tarpen 42, 22848 Norderstedt

Šola
okul

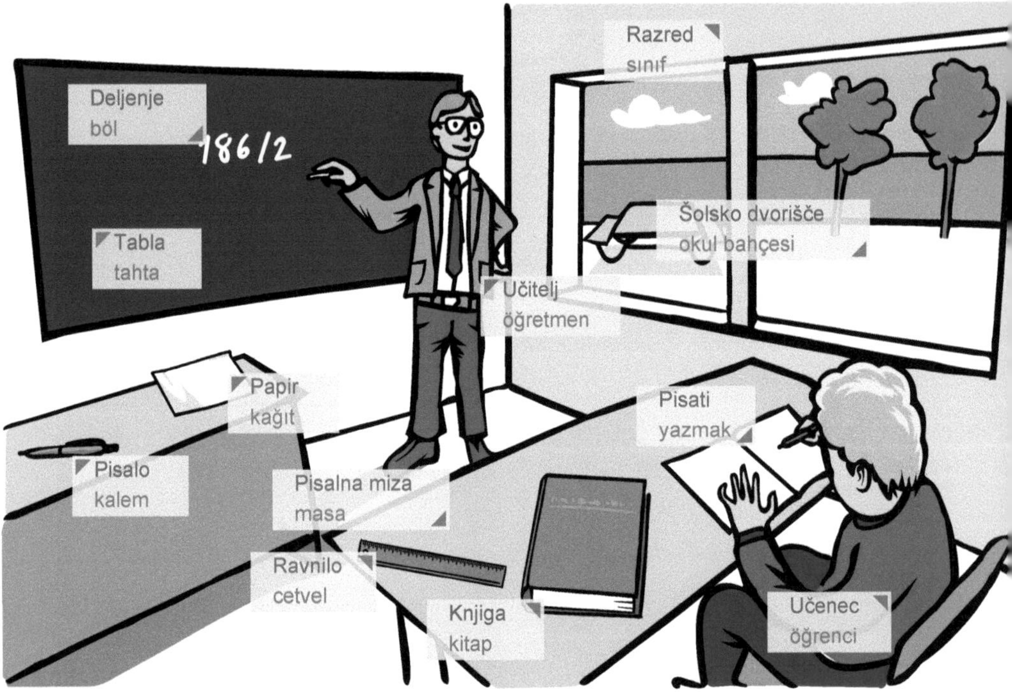
Razred
sınıf
Deljenje
böl
186/2
Tabla
tahta
Šolsko dvorišče
okul bahçesi
Učitelj
öğretmen
Papir
kağıt
Pisati
yazmak
Pisalo
kalem
Pisalna miza
masa
Ravnilo
cetvel
Knjiga
kitap
Učenec
öğrenci

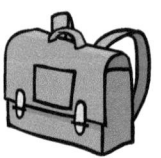

Šolska torba
okul çantası

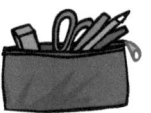

Peresnica
kalemlik

Svinčnik
kurşun kalem

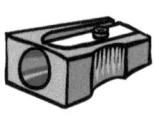

Šilček
kalem açacağı

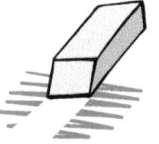

Radirka
silgi

Risalni blok
çizim defteri

Risba

çizim

Čopič

resim fırçası

Vodene barvice

boya kutusu

Škarje

makas

Lepilo

tutkal

Zvezek

alıştırma kitabı

Domača naloga

ödev

Število

sayı

Seštevanje

ekle

Odštevanje

çıkar

Množenje

çarp

Računanje

hesapla

Črka

harf

Abeceda

alfabe

Beseda

kelime

Besedilo
metin

Brati
okumak

Kreda
tebeşir

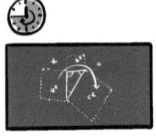

Učna ura
ders

Redovalnica
kayıt

Preizkus znanja
sınav

Spričevalo
sertifika

Šolska uniforma
okul forması

Izobrazba
eğitim

Enciklopedija
ansiklopedi

Univerza
üniversite

Mikroskop
mikroskop

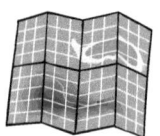

Zemljevid
harita

Koš za smeti
kağıt çöp kutusu

Potovanje
seyahat

Hotel
otel
Grand
Hostel
pansiyon
ROOMS
Menjalnica
döviz bürosu
Kovček
bavul
Avtomobil
otomobil

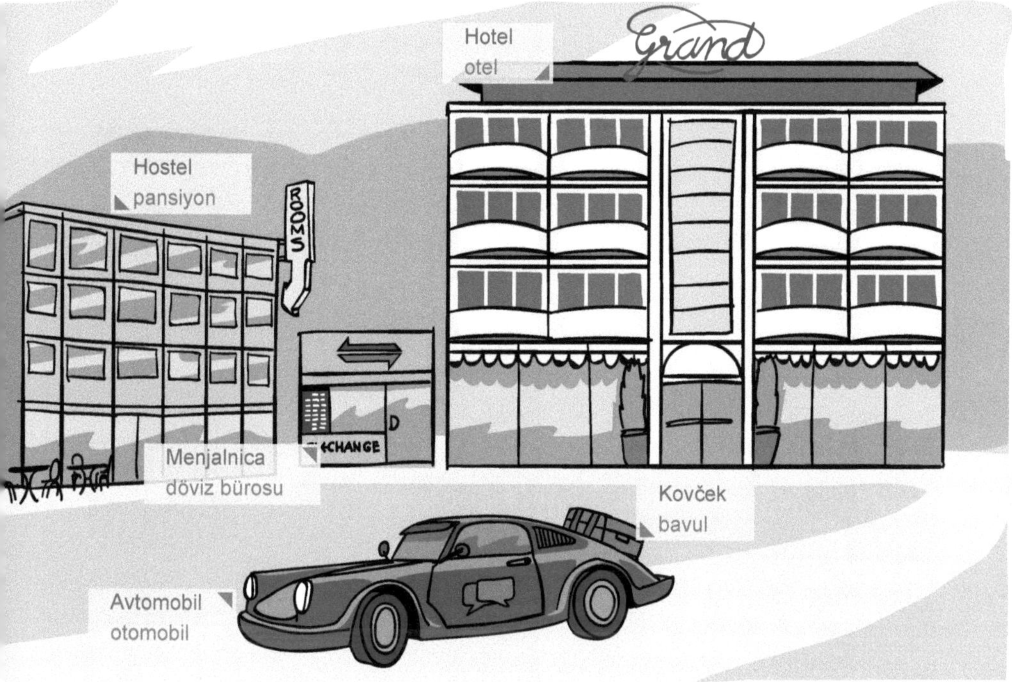

Jezik
dil

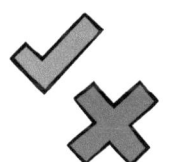

da / ne
evet / hayır

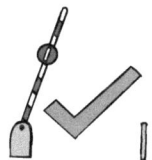

Prav
Tamam

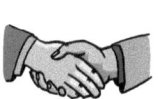

Pozdravljeni
merhaba

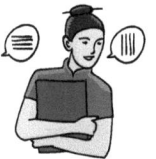

Prevajalec
çevirmen

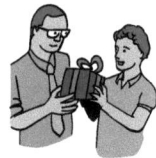

Hvala
Teşekkür ederim

Koliko stane...?

bu ... ne kadar?

Ne razumem

anlamadım

Težava

problem

Dober večer!

İyi akşamlar!

Dobro jutro!

Günaydın!

Lahko noč!

İyi geceler!

Nasvidenje

güle güle

Smer

yön

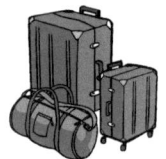

Prtljaga

bagaj

Torba

çanta

Nahrbtnik

sırt çantası

Gost

misafir

Soba

oda

Spalna vreča

uyku tulumu

Šotor

çadır

Turistične informacije	Plaža	Kreditna kartica
turist danışma	sahil	kredi kartı

Zajtrk	Kosilo	Večerja
kahvaltı	öğle yemeği	akşam yemeği

Vozovnica	Dvigalo	Znamka
Bilet	asansör	pul

Meja	Carina	Veleposlaništvo
sınır	gümrük	elçilik

Vizum	Potni list	
vize	pasaport	

Prevoz

ulaşım

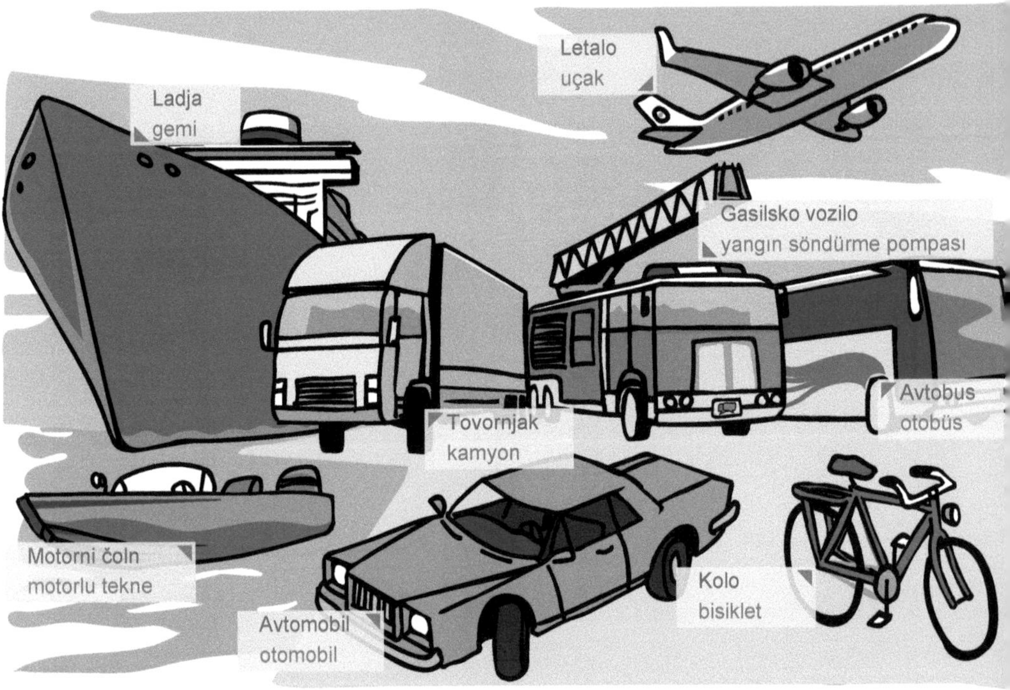

Letalo
uçak
Ladja
gemi
Gasilsko vozilo
yangın söndürme pompası
Avtobus
otobüs
Tovornjak
kamyon
Motorni čoln
motorlu tekne
Kolo
bisiklet
Avtomobil
otomobil

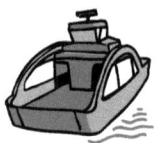

Trajekt

feribot

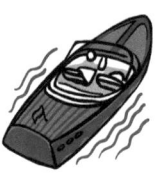

Čoln

bot

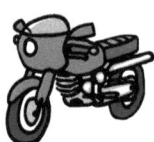

Motorno kolo

motosiklet

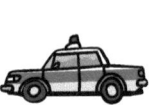

Policijski avto

polis arabası

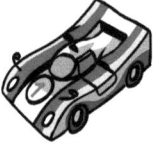

Dirkalni avto

yarış arabası

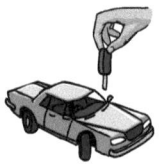

Najeto vozilo

kiralık araba

Souporaba avtomobila

ortak araba

Avtovleka

çekici

Smetarsko vozilo

çöp kamyonu

Motor

motor

Gorivo

yakıt

Bencinska postaja

benzinlik

Prometni znak

trafik işareti

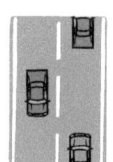

Promet

trafik

Zastoj

trafik sıkışıklığı

Parkirišče

otopark

Železniška postaja

tren istasyonu

Tirnice

ray

Vlak

tren

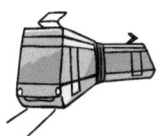

Tramvaj

tramvay

Vagon

vagon

Helikopter

helikopter

Letališče

havaalanı

Stolp

kule

Potnik

yolcu

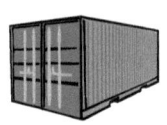

Kontejner

konteyner

Karton

koli

Voziček

yük arabası

Košara

sepet

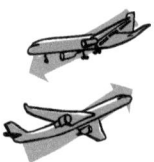

vzleteti / pristati

kalkış / iniş

Mesto
şehir

Vas

köy

Mestno jedro

şehir merkezi

Hiša

ev

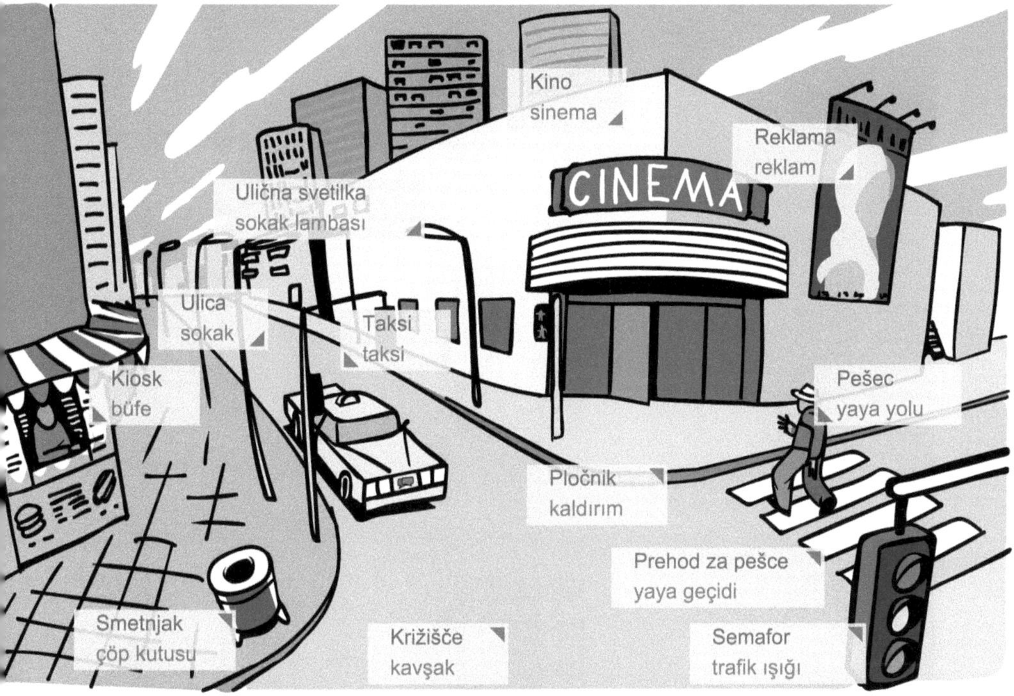

Kino
sinema

Reklama
reklam

Ulična svetilka
sokak lambası

Ulica
sokak

Taksi
taksi

CINEMA

Kiosk
büfe

Pešec
yaya yolu

Pločnik
kaldırım

Prehod za pešce
yaya geçidi

Smetnjak
čöp kutusu

Križišče
kavşak

Semafor
trafik ışığı

Koča

kulübe

Stanovanje

apartman dairesi

Železniška postaja

tren istasyonu

Mestna hiša

belediye binası

Muzej

müze

Šola

okul

Univerza
üniversite

Banka
banka

Bolnišnica
hastane

Hotel
otel

Lekarna
eczane

Pisarna
ofis

Knjigarna
kitapçı

Trgovina
mağaza

Cvetličarna
çiçekçi

Supermarket
süpermarket

Tržnica
market

Veleblagovnica
büyük mağaza

Ribarnica
balık satıcısı

Nakupovalno središče
alışveriş merkezi

Pristanišče
liman

Park

park

Klop

bank

Most

köprü

Stopnice

merdiven

Podzemna železnica

metro

Predor

tünel

Avtobusno postajališče

otobüs durağı

Bar

bar

Restavracija

restoran

Poštni nabiralnik

posta kutusu

Ulična tabla

sokak tabelası

Parkirna ura

otopark sayacı

Živalski vrt

hayvanat bahçesi

Kopališče

yüzme havuzu

Mošeja

cami

Kmetija

çiftlik

Onesnaževanje

kirlilik

Pokopališče

mezarlık

Cerkev

kilise

Otroško igrišče

oyun alanı

Tempelj

tapınak

Pokrajina
arazi

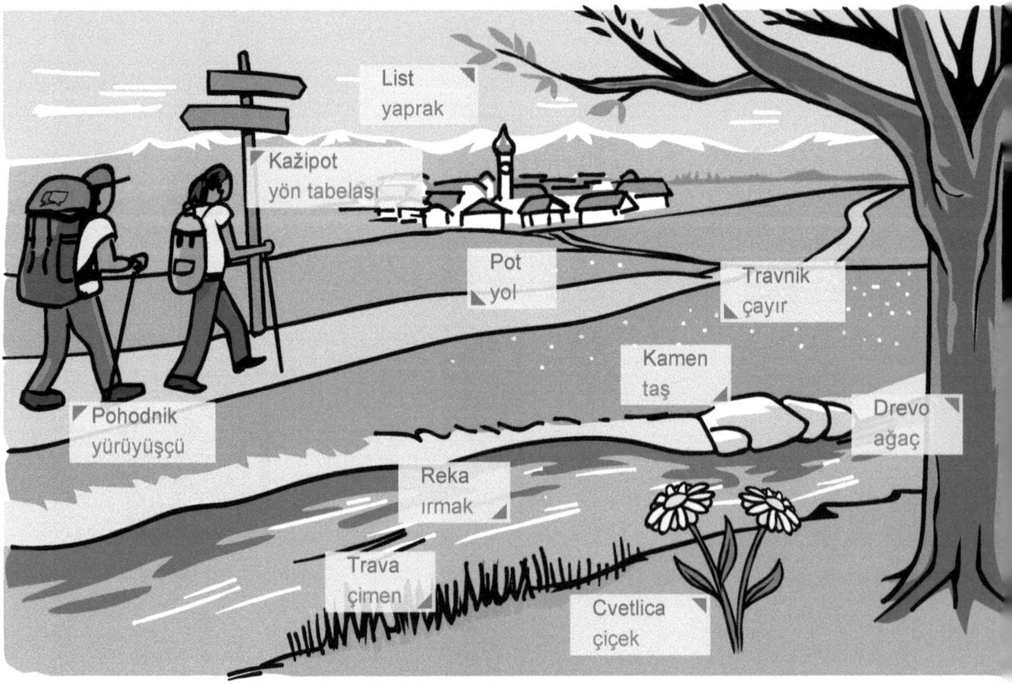

List
yaprak

Kažipot
yön tabelası

Pot
yol

Travnik
çayır

Kamen
taş

Drevo
ağaç

Pohodnik
yürüyüşçü

Reka
ırmak

Trava
çimen

Cvetlica
çiçek

Dolina	Hrib	Jezero
vadi	tepe	göl
	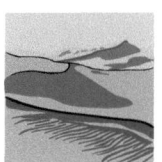	
Gozd	Puščava	Vulkan
orman	çöl	volkan

Grad	Mavrica	Goba
kale	gökkuşağı	mantar

Palma	Komar	Muha
palmiye	sivrisinek	sinek

Mravlja	Čebela	Pajek
karınca	arı	örümcek

Hrošč

böcek

Žaba

kurbağa

Veverica

sincap

Jež

kirpi

Zajec

yabani tavşan

Sova

baykuş

Ptič

kuş

Labod

kuğu

Divji prašič

yaban domuzu

Jelen

geyik

Los

geyik

Jez

baraj

Vetrnica

rüzgar türbini

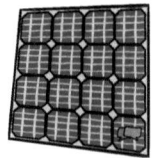

Solarna plošča

güneş paneli

Podnebje

iklim

Restavracija
restoran

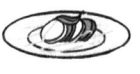

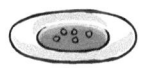

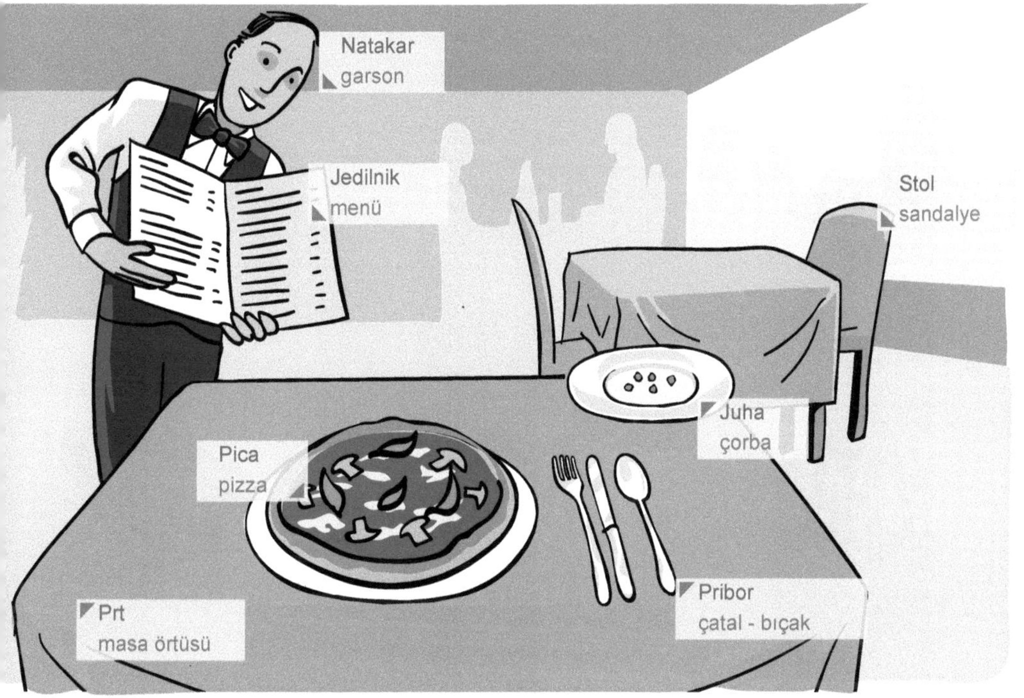

Natakar
garson
Jedilnik
menü
Stol
sandalye
Juha
çorba
Pica
pizza
Pribor
çatal - bıçak
Prt
masa örtüsü

Predjed

başlangıç

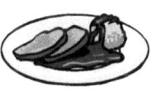

Glavna jed

ana yemek

Sladica

tatlı

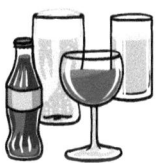

Pijače

içecekler

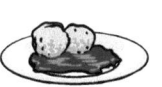

Hrana

yemek

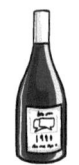

Steklenica

şişe

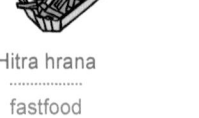

Hitra hrana

fastfood

Ulična hrana

sokak yemeği

Čajnik

çaydanlık

Sladkornica

şekerlik

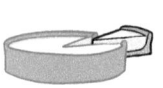

Porcija

porsiyon

Aparat za espresso

espresso makinesi

Stolček za hranjenje

mama sandalyesi

Račun

fatura

Pladenj

tepsi

Nož

bıçak

Vilica

çatal

Žlica

kaşık

Čajna žlička

çay kaşığı

Servieta

servis peçetesi

Kozarec

bardak

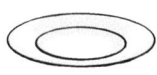

Krožnik
tabak

Globoki krožnik
çorba kasesi

Krožniček
fincan altlığı

Omaka
sos

Solnica
tuzluk

Mlinček za poper
karabiber değirmeni

Kis
sirke

Olje
yağ

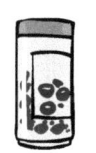

Začimbe
baharat

Kečap
ketçap

Gorčica
hardal

Majoneza
mayonez

Supermarket
süpermarket

Posebna ponudba
özel teklif
FOR
Stranka
müşteri
Mlečni izdelki
süt ürünleri
Sadje
meyve
Nakupovalni voziček
alışveriş arabası

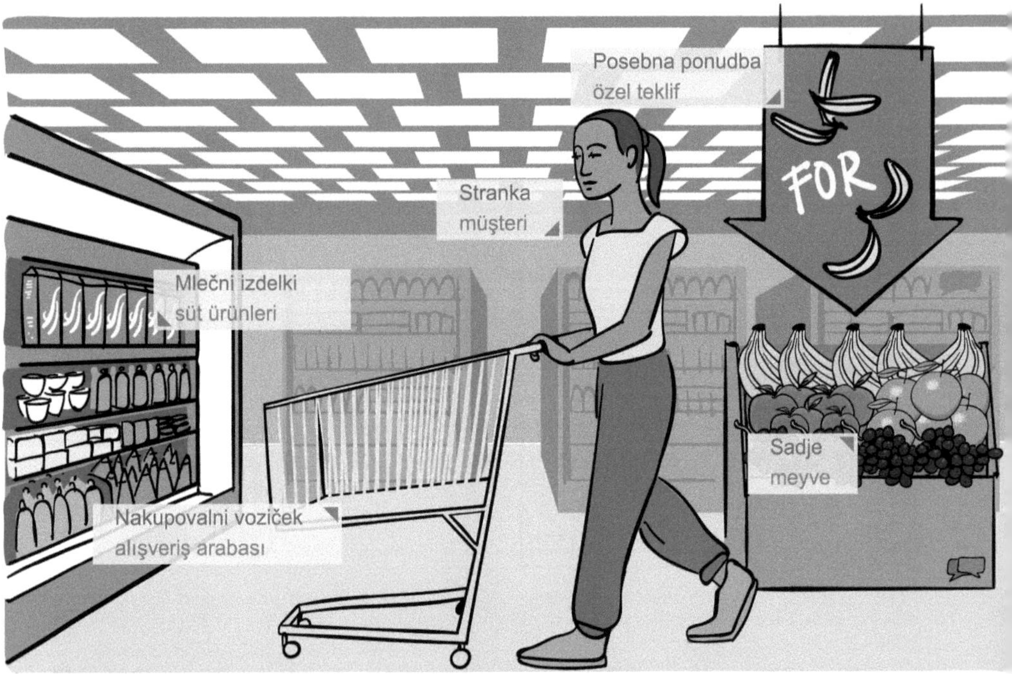

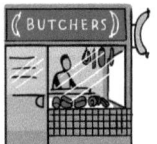

BUTCHERS

Mesnica

kasap

BAKERY

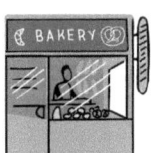

Pekarna

fırın

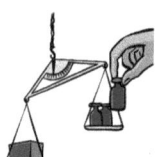

Tehtati

tartmak

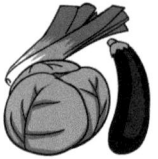

Zelenjava

sebze

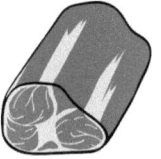

Meso

et

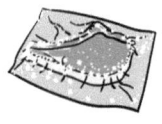

Zamrznjena hrana

donmuş gıda

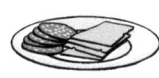

Hladne mesnine

söğüş et

Konzerve

konserve yiyecek

Pralni prašek

toz deterjan

Sladkarije

şekerlemeler

Gospodinjski izdelki

ev temizlik ürünleri

Čistilno sredstvo

temizlik ürünleri

Prodajalka

satış görevlisi

Blagajna

yazar kasa

Blagajnik

kasiyer

Nakupovalni seznam

alışveriş listesi

Delovni čas

açılış saatleri

Denarnica

cüzdan

Kreditna kartica

kredi kartı

Torba

çanta

Plastična vrečka

plastik poşet

Voda

su

Sok

meyve suyu

Mleko

süt

Kola

kola

Vino

şarap

Pivo

bira

Alkohol

alkol

Kakav

kakao

Čaj

çay

Kava

kahve

Espresso

espresso

Kapučino

kapuçino

Banana

muz

Jabolko

elma

Pomaranča

portakal

Lubenica

kavun

Limona

limon

Korenje

havuç

Česen

sarımsak

Bambus

bambu

Čebula

soğan

Goba

mantar

Oreščki

çerez

Rezanci

makarna

Špageti

spagetti

Riž

pirinç

Solata

salata

Ocvrt krompirček

cips

Pečen krompir

patates kızartması

Pica

pizza

Hamburger

hamburger

Sendvič

sandviç

Zrezek

şinitzel

Šunka

pastırma

Salama

salam

Klobasa

sosis

Piščanec

tavuk

Pečenka

rosto

Riba

balık

Ovseni kosmiči

yulaf ezmesi

Musli

müsli

Koruzni kosmiči

mısır gevreği

Moka

un

Rogljiček

kruvasan

Žemlja

küçük ekmek

Kruh

ekmek

Prepečenec

tost

Piškoti

bisküvi

Maslo

tereyağı

Skuta

kaymak

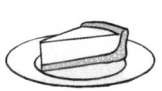

Torta

kek

Jajce

yumurta

Pečeno jajce na oko

sahanda yumurta

Sir

peynir

Sladoled
dondurma

Sladkor
şeker

Med
bal

Marmelada
reçel

Čokoladni namaz
fındık ezmesi

Kari
köri

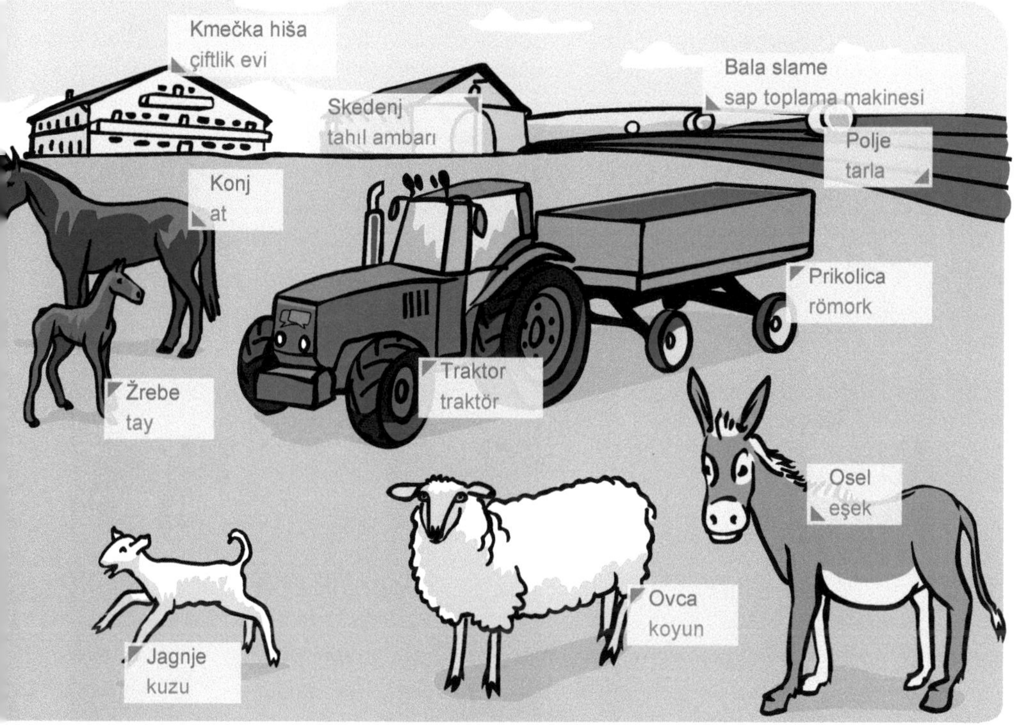

Kmečka hiša
çiftlik evi

Skedenj
tahıl ambarı

Bala slame
sap toplama makinesi

Polje
tarla

Konj
at

Prikolica
römork

Žrebe
tay

Traktor
traktör

Osel
eşek

Ovca
koyun

Jagnje
kuzu

Koza

keçi

Krava

inek

Tele

buzağı

Prašič

domuz

Pujsek

domuz yavrusu

Bik

boğa

Gos

kaz

Raca

ördek

Piščanec

civciv

Kokoš

tavuk

Petelin

horoz

Podgana

sıçan

Mačka

kedi

Miš

fare

Vol

öküz

Pes

köpek

Pasja uta

köpek kulübesi

Cev za zalivanje

bahçe hortumu

Kangla za zalivanje

sulama kabı

Kosa

tırpan

Plug

pulluk

Srp
orak

Motika
çapa

Vile
dirgen

Sekira
balta

Samokolnica
el arabası

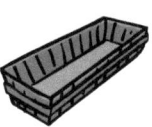

Korito
yemlik

Kangla za mleko
süt kovası

Vreča
çuval

Ograja
çit

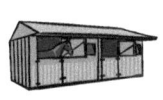

Hlev
ahır

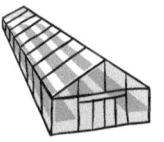

Rastlinjak
sera

Prst
toprak

Seme
tohum

Gnojilo
gübre

Kombajn
biçerdöver

Žeti
....
hasat etmek

Žetev
....
harman

Jam
....
tatlı patates

Pšenica
....
buğday

Soja
....
soya

Krompir
....
patates

Koruza
....
mısır

Oljna ogrščica
....
kolza

Sadno drevo
....
meyve ağacı

Maniok
....
manyok

Žito
....
hububat

Hiša
ev

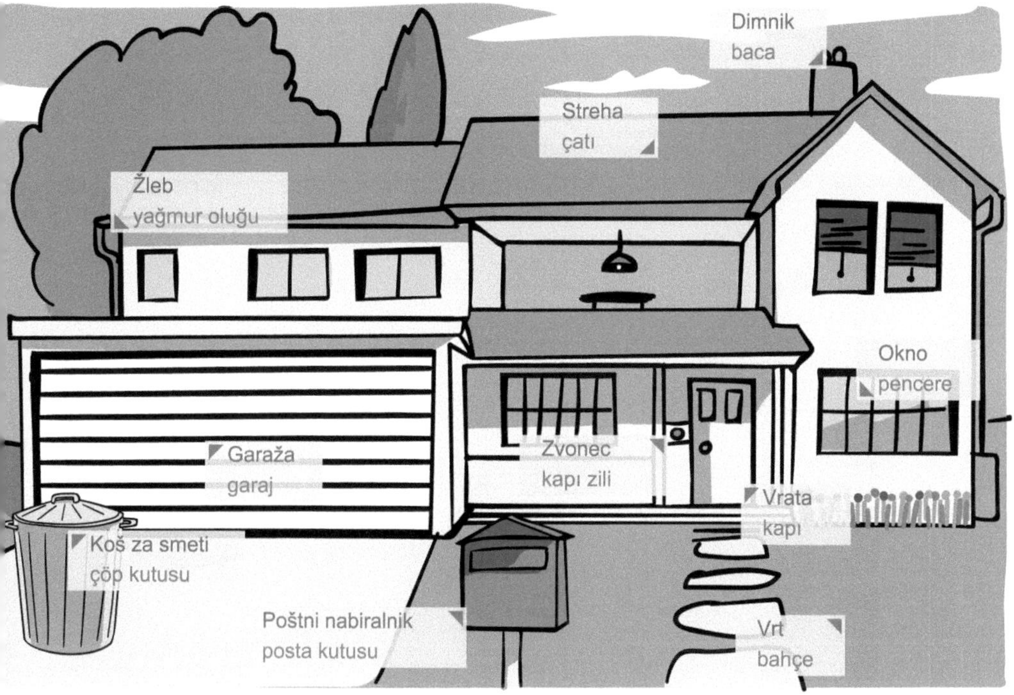
Dimnik
baca
Streha
çatı
Žleb
yağmur oluğu
Okno
pencere
Garaža
garaj
Zvonec
kapı zili
Vrata
kapı
Koš za smeti
çöp kutusu
Poštni nabiralnik
posta kutusu
Vrt
bahçe

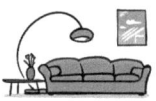

Dnevna soba

oturma odası

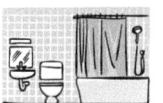

Kopalnica

banyo

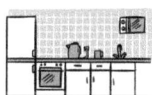

Kuhinja

mutfak

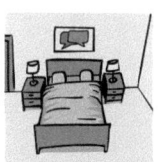

Spalnica

yatak odası

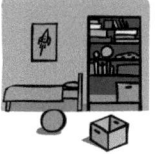

Otroška soba

çocuk odası

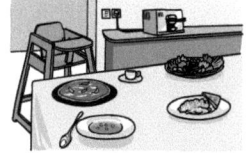

Jedilnica

yemek odası

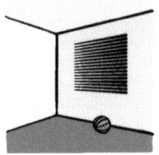

Tla
zemin

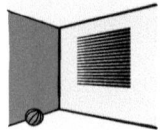

Stena
duvar

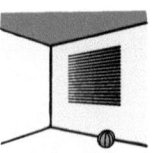

Strop
tavan

Klet
kiler

Savna
sauna

Balkon
balkon

Terasa
teras

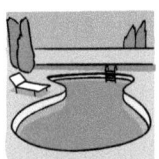

Bazen
havuz

Kosilnica
çim biçme makinesi

Rjuha
çarşaf

Posteljno pregrinjalo
yatak örtüsü

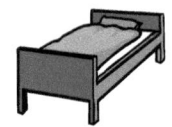

Postelja
yatak

Metla
süpürge

Vedro
kova

Stikalo
anahtar

Dnevna soba
oturma odası

Tapeta
duvar kağıdı
Slika
resim
Svetilka
lamba
Polica
raf
Omara
dolap
Televizor
televizyon
Kamin
şömine
Cvetlica
çiçek
Blazina
minder
Zofa
kanepe
Vaza
vazo
Daljinski upravljalnik
uzaktan kumanda

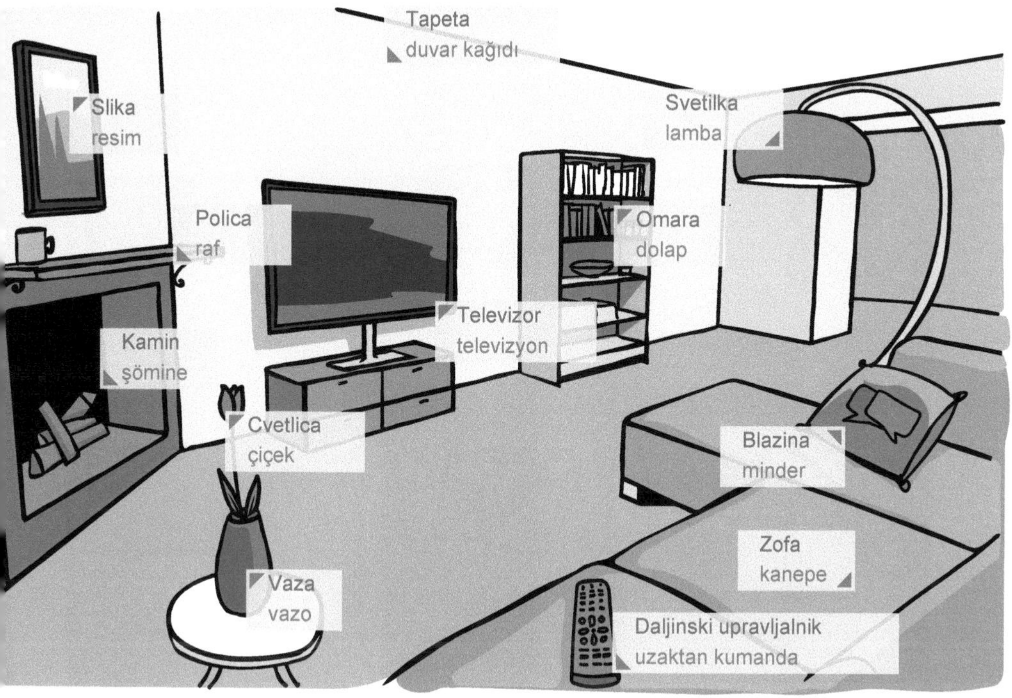

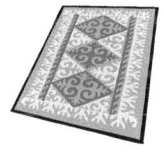

Preproga

halı

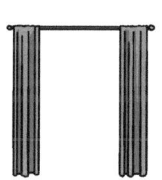

Zavesa

perde

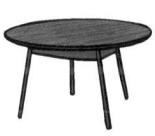

Miza

masa

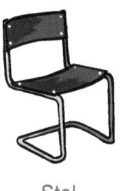

Stol

sandalye

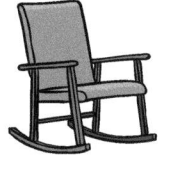

Gugalnik

salıncaklı koltuk

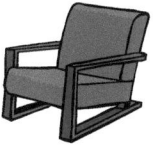

Naslanjač

koltuk

Knjiga

kitap

Odeja

battaniye

Dekoracija

dekor

Drva

odun

Film

film

Glasbeni stolp

hi-fi

Ključ

anahtar

Časopis

gazete

Slika

tablo

Plakat

poster

Radio

radyo

Beležka

defter

Sesalnik

elektrikli süpürge

Kaktus

kaktüs

Sveča

mum

Kuhinja
mutfak

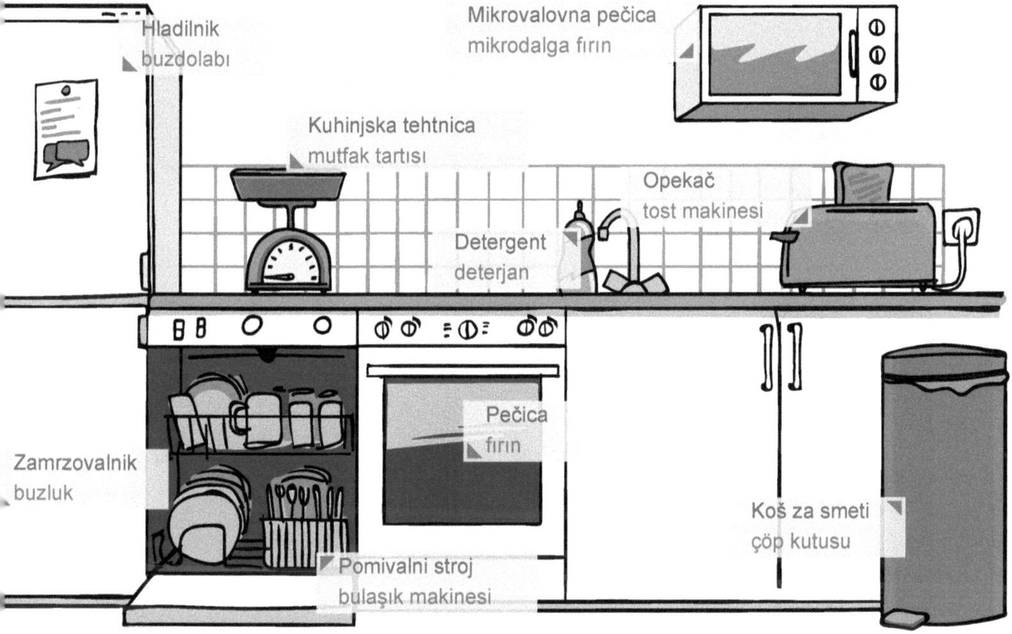

Hladilnik
buzdolabı
Mikrovalovna pečica
mikrodalga fırın
Kuhinjska tehtnica
mutfak tartısı
Opekač
tost makinesi
Detergent
deterjan
Pečica
fırın
Zamrzovalnik
buzluk
Koš za smeti
çöp kutusu
Pomivalni stroj
bulaşık makinesi

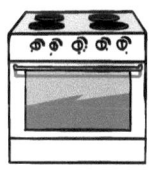

Kozica
ocak

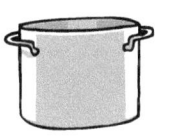

Lonec
tencere

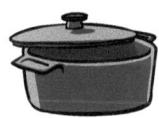

Litoželezni lonec
döküm tencere

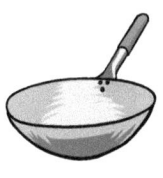

Vok / kadai
wok

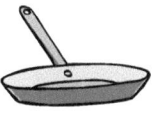

Ponev
tava

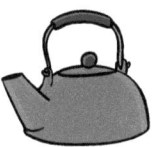

Kotliček
su ısıtıcı

Parni kuhalnik

buharlı pişirici

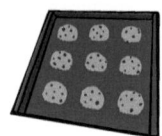

Pekač

pişirme tepsisi

Posoda

tabak takımı

Skodelica

kupa

Skleda

kase

Jedilne paličice

çubuk (çin yemeği)

Zajemalka

kepçe

Lopatica

spatula

Metlica

çırpma teli

Cedilnik

süzgeç

Cedilo

elek

Strgalo

rende

Možnar

havan

Žar

barbekü

Ognjišče

açık ateş

Deska za rezanje

kesme tahtası

Valjar

merdane

Odpirač za steklenice

tirbüşon

Pločevinka

konserve kutusu

Odpirač za konzerve

konserve açacağı

Prijemalka za posodo

fırın eldiveni

Korito

evye

Ščetka

fırça

Goba

sünger

Mešalnik

blender

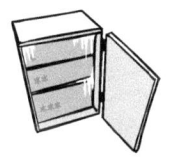

Zamrzovalna skrinja

derin dondurucu

Steklenička

biberon

Pipa

musluk

Kopalnica
banyo

Ogrevanje
ısıtma
Prha
duş
Brisača
havlu
Zavesa za prho
duş perdesi
Peneča kopel
köpük banyosu
Kopalna kad
küvet
Kozarec
bardak
Pralni stroj
çamaşır makinesi
Pipa
musluk
Ploščice
fayans
Kahlica
lazımlık
Korito
evye

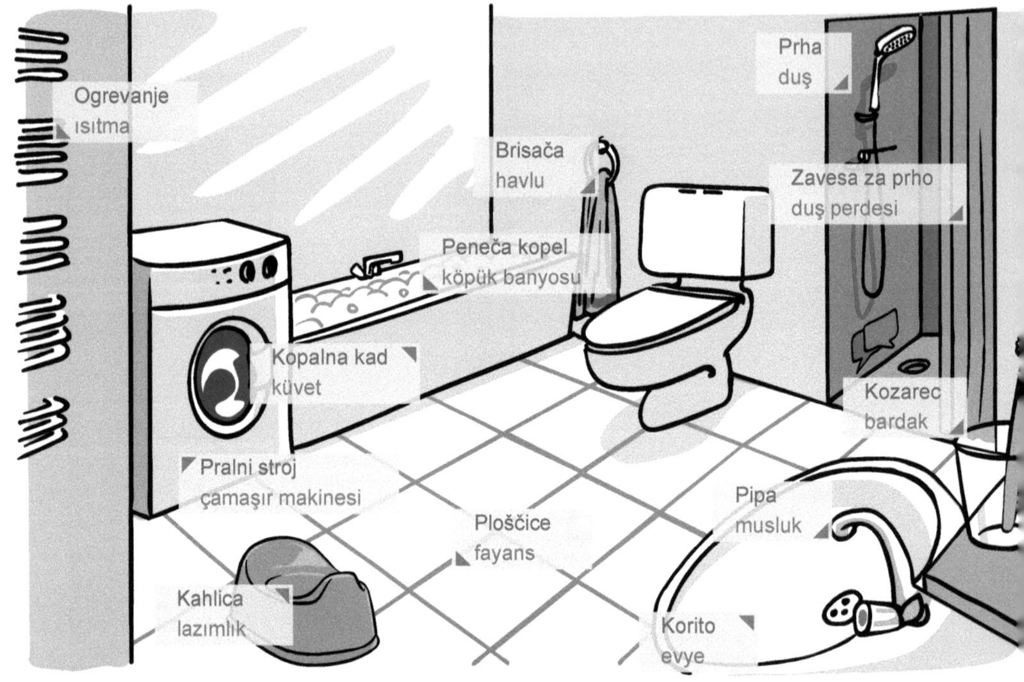

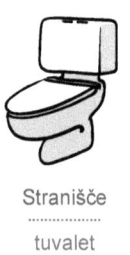

Stranišče
tuvalet

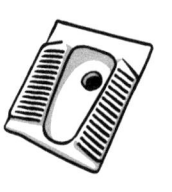

Stranišče na počep
alaturka tuvalet

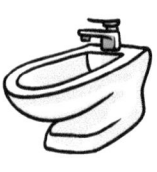

Bide
bide

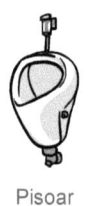

Pisoar
pisuvar

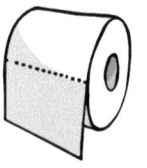

Toaletni papir
tuvalet kağıdı

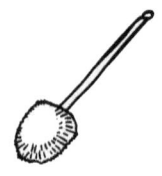

Ščetka za straniščno školjko
tuvalet fırçası

Zobna ščetka

diş fırçası

Zobna pasta

diş macunu

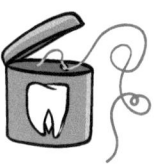

Zobna nitka

diş ipi

Umiti se

yıkamak

Ročna prha

duş başlığı

Prha za intimne dele

duş başlığı şeklinde taharet musluğu

Umivalnik

küvet

Krtača za hrbet

banyo fırçası

Milo

sabun

Gel za prhanje

duş jeli

Šampon

şampuan

Krpica za miljenje

banyo lifi

Odtok

gider

Krema

krem

Deodorant

deodorant

Ogledalo

ayna

Ročno ogledalo

el aynası

Britvica

jilet

Pena za britje

tıraş köpüğü

Vodica po britju

tıraş losyonu

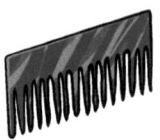

Glavnik

tarak

Ščetka

fırça

Sušilnik za lase

saç kurutma makinesi

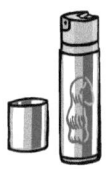

Lak za lase

saç spreyi

Ličila

makyaj

Šminka

ruj

Lak za nohte

tırnak cilası

Vatirane blazinice

pamuk

Škarjice za nohte

tırnak makası

Parfum

parfüm

Toaletna torbica

makyaj çantası

Stol brez naslonjala

tabure

Osebna tehtnica

tartı

Kopalni plašč

bornoz

Gumijaste rokavice

lastik eldiven

Tampon

tampon

Damski vložki

kadın pedi

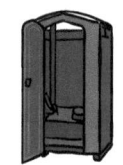

Kemično stranišče

kimyevi tuvalet

Otroška soba
çocuk odası

Budilka
çalar saat
Plišasta igrača
peluş oyuncak
Avtomobilček
oyuncak araba
Ropotuljica
çıngırak
Hiška za punčke
bebek evi
Darilo
hediye

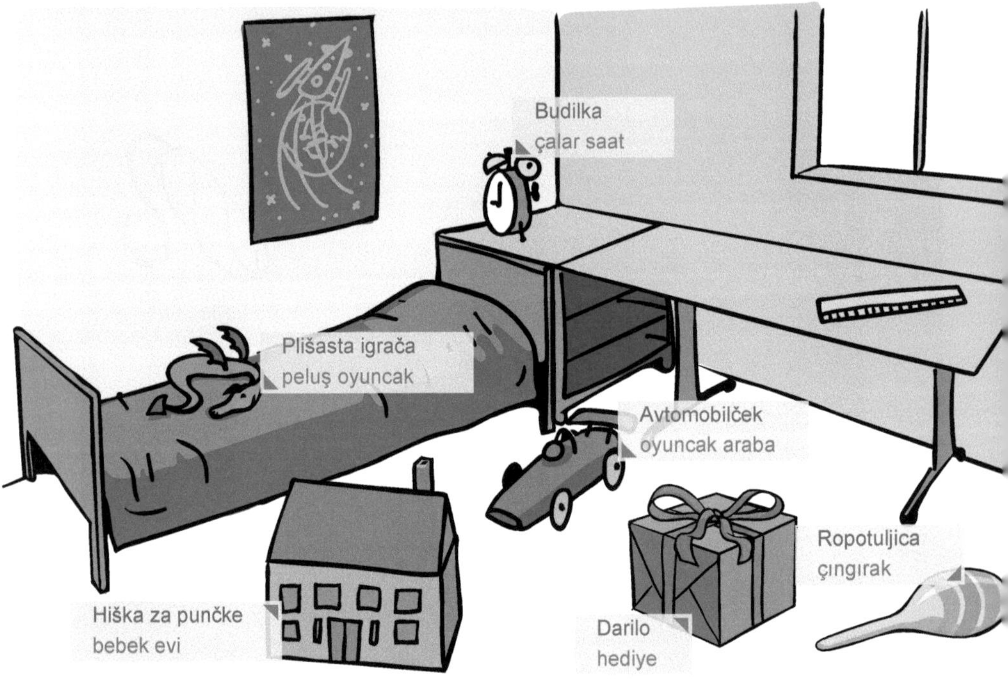

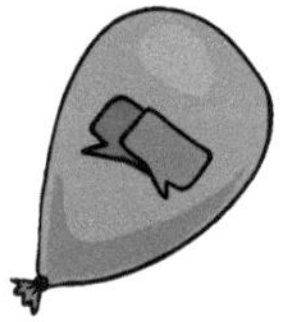

Balon
balon

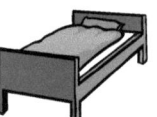

Postelja
yatak

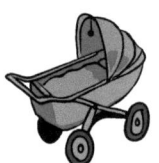

Otroški voziček
bebek arabası

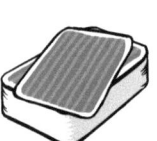

Igralne karte
kart destesi

Sestavljanka
yapboz

SUPER
MEGA

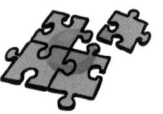

Strip
çizgi roman

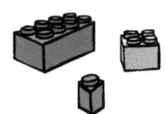

Lego kocke

lego tuğlaları

Igralne kocke

lego blokları

Akcijska figura

aksiyon figürü

Bodi

zıbın

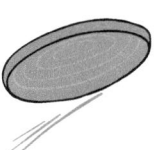

Frizbi

frizbi

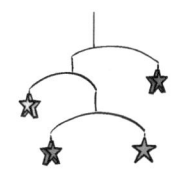

Vrtiljak za posteljico

dönence

Namizna igra

masa oyunu

Kocka

zar

Komplet modelov vlakov

model tren seti

Duda

emzik

Zabava

parti

Slikanica

resimli kitap

Žoga

top

Lutka

oyuncak bebek

Igrati se

oynamak

Peskovnik

kum havuzu

Gugalnica

salıncak

Igrače

oyuncaklar

Igralna konzola

video oyun konsolu

Tricikel

üç tekerlekli bisiklet

Plišasti medvedek

oyuncak ayı

Garderoba

gardırop

Oblačilo
kıyafet

Nogavice

çorap

Samostoječe nogavice

külotlu çorap

Hlačne nogavice

tayt

Šal
eşarp

Dežnik
şemsiye

Majica s kratkimi rokavi
tişört

Pas
kemer

Škornji
bot

Copati
terlik

Športni copati
spor ayakkabı

Sandali	Čevlji	Gumijasti škornji
sandalet	ayakkabı	lastik çizme
Spodnje hlače	Modrček	Telovnik
külot	sütyen	yelek

Oblačilo - kıyafet

Bodi

dar bluz

Hlače

pantolon

Kavbojke

kot pantolon

Krilo

etek

Bluza

bluz

Srajca

gömlek

Pulover

kazak

Pletena jopica

süveter

Jopa

blazer

Jakna

ceket

Plašč

mont

Dežni plašč

yağmurluk

Kostim

kostüm

Obleka

elbise

Poročna obleka

gelinlik

Obleka

takım elbise

Spalna srajca

gecelik

Pižama

pijama

Sari

sari

Naglavna ruta

baş örtüsü

Turban

türban

Burka

burka

Kaftan

kaftan

Abaja

çarşaf

Kopalke

mayo

Kopalne hlače

erkek mayosu

Kratke hlače

şort

Trenirka

eşofman

Predpasnik

önlük

Rokavice

eldiven

Gumb

düğme

Očala

gözlük

Zapestnica

bilezik

Verižica

kolye

Prstan

yüzük

Uhan

küpe

Kapa

kep

Obešalnik

portmanto

Klobuk

şapka

Kravata

kravat

Zadrga

fermuar

Čelada

kask

Naramnice

pantolon askısı

Šolska uniforma

okul forması

Uniforma

üniforma

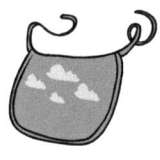

Slinček

mama önlüğü

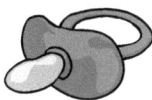

Duda

emzik

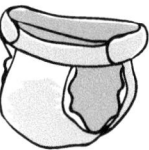

Plenica

bebek bezi

Pisarna

ofis

Strežnik
sunucu
Kartotečna omara
dosya dolabı
Papir
kağıt
Tiskalnik
yazıcı
Monitor
monitör
Miška
fare
Pisalna miza
masa
Mapa
klasör
Tipkovnica
klavye
Koš za smeti
kağıt çöp kutusu
Računalnik
bilgisayar
Stol
sandalye

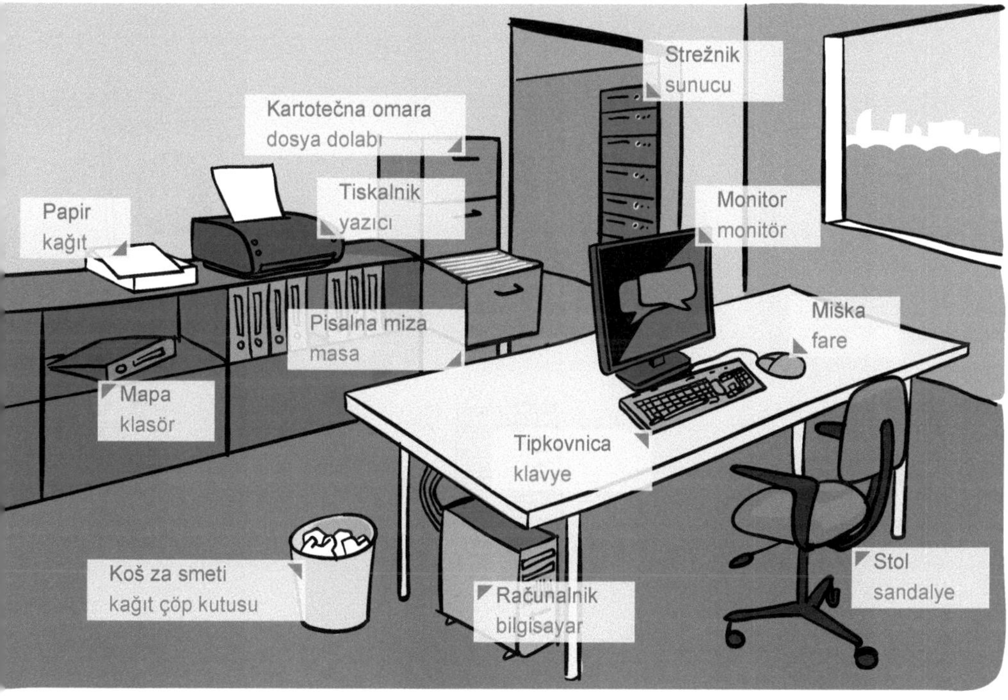

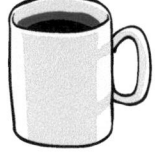

Lonček za kavo

kahve fincanı

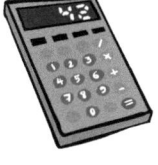

Kalkulator

hesap makinesi

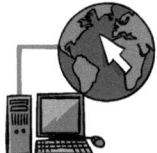

Internet

internet

Prenosnik

dizüstü

Pismo

mektup

Sporočilo

mesaj

Mobilnik

cep telefonu

Omrežje

ağ

Kopirni stroj

fotokopi makinesi

Programska oprema

yazılım

Telefon

telefon

Vtičnica

priz

Telefaks

faks makinesi

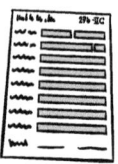

Obrazec

form

Dokument

belge

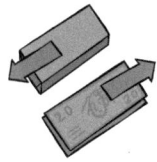

Kupiti

satın almak

Plačati

ödemek

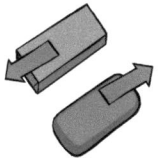

Trgovati

ticaret yapmak

Denar

para

Dolar

dolar

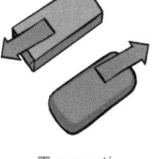

Evro

avro

Jen

yen

Rubelj

ruble

Švičarski frank

İsviçre frangı

Kitajski juan renminbi

Çin yuanı

Rupija

rupi

Bankomat

kasa

Menjalnica

döviz bürosu

Zlato

altın

Srebro

gümüş

Nafta

petrol

Energija

enerji

Cena

fiyat

Pogodba

kontrat

Davek

vergi

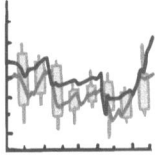

Delnice

menkul değer

Delati

çalışmak

Delojemalec

işveren

Delodajalec

işçi

Tovarna

fabrika

Trgovina

mağaza

Poklici
meslekler

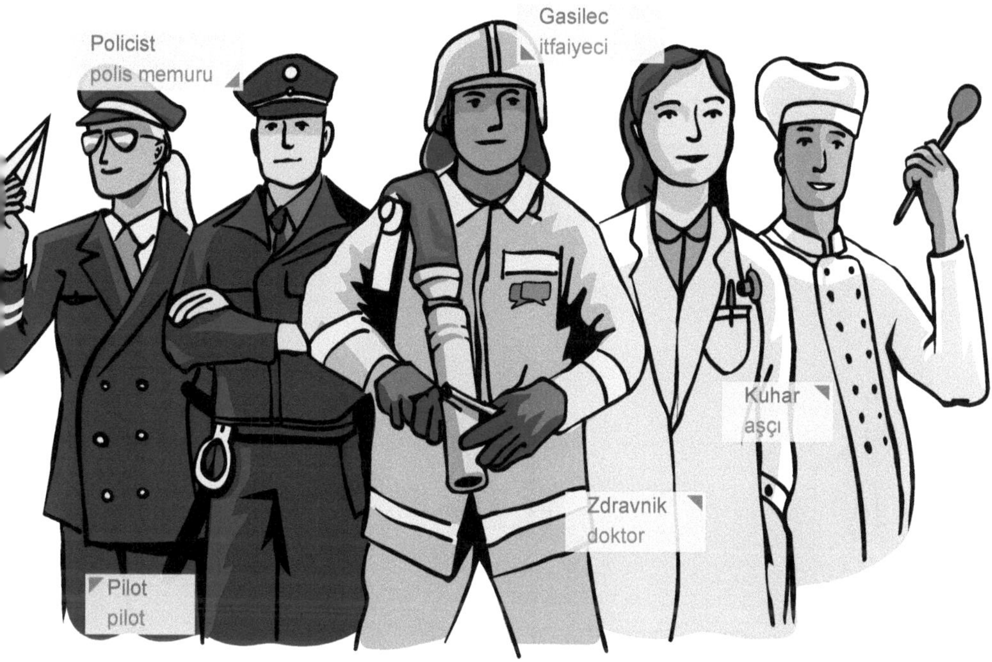
Gasilec
itfaiyeci
Policist
polis memuru
Kuhar
aşçı
Zdravnik
doktor
Pilot
pilot

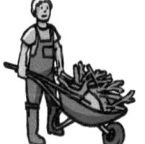

Vrtnar

bahçıvan

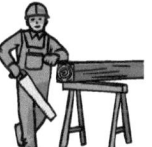

Mizar

marangoz

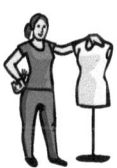

Šivilja

terzi

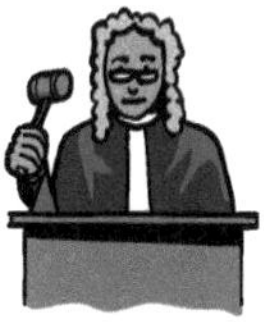

Sodnik

hakim

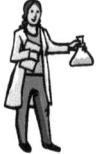

Kemik

kimyager

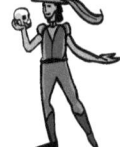

Igralec

aktör

Voznik avtobusa

otobüs şoförü

Taksist

taksi şoförü

Ribič

balıkçı

Čistilka

temizlikçi

Krovec

çatı ustası

Natakar

garson

Lovec

avcı

Pleskar

boyacı

Pek

fırıncı

Električar

elektrikçi

Gradbenik

inşaatçı

Inženir

mühendis

Mesar

kasap

Vodovodni inštalater

muslukçu

Poštar

postacı

Vojak	Arhitekt	Blagajnik
asker	mimar	kasiyer

Cvetličar	Frizer	Sprevodnik
çiçekçi	kuaför	kondüktör

Mehanik	Kapitan	Zobozdravnik
tamirci	kaptan	dişçi

Znanstvenik	Rabin	Imam
bilim insanı	haham	imam

Menih	Duhovnik	
keşiş	rahip	

Orodje
aletler

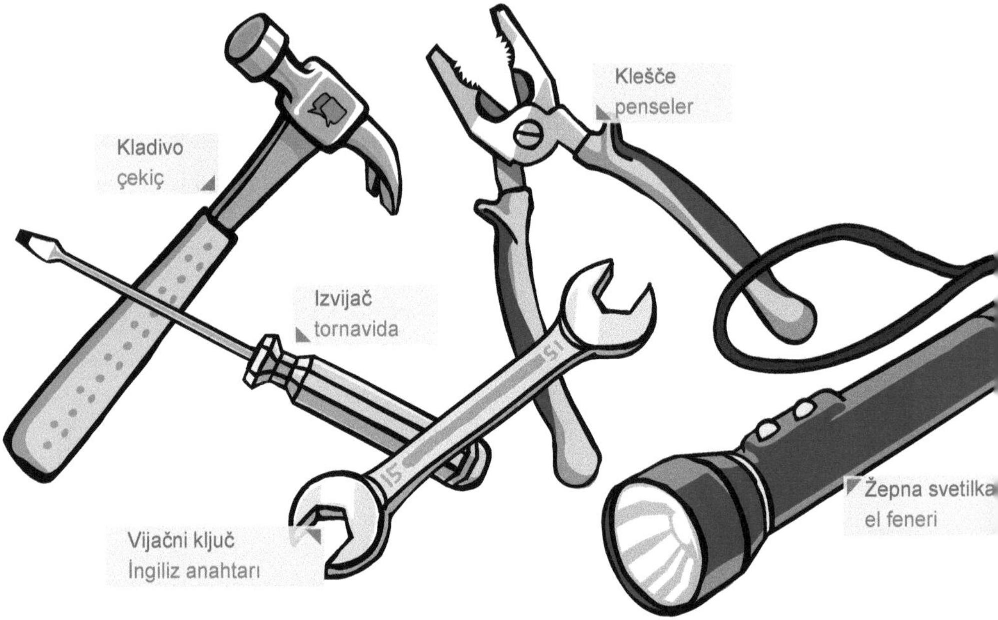
Kladivo
çekiç
Klešče
penseler
Izvijač
tornavida
Vijačni ključ
İngiliz anahtarı
Žepna svetilka
el feneri

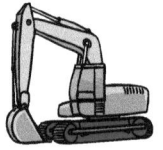

Bager

kazı makinesi

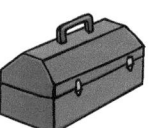

Zaboj z orodjem

alet çantası

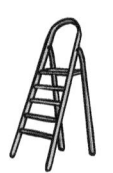

Lestev

merdiven

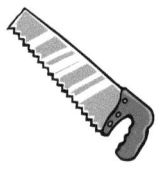

Žaga

testere

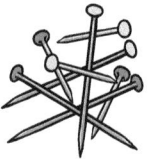

Žeblji

çiviler

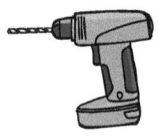

Vrtalnik

matkap

Popraviti	Lopata	Šment!
tamir etmek	kürek	Kahretsin!

		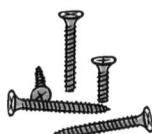
Smetišnica	Posoda z barvo	Vijaki
faraş	boya tenekesi	vidalar

Glasbeni instrument
müzik enstrümanı

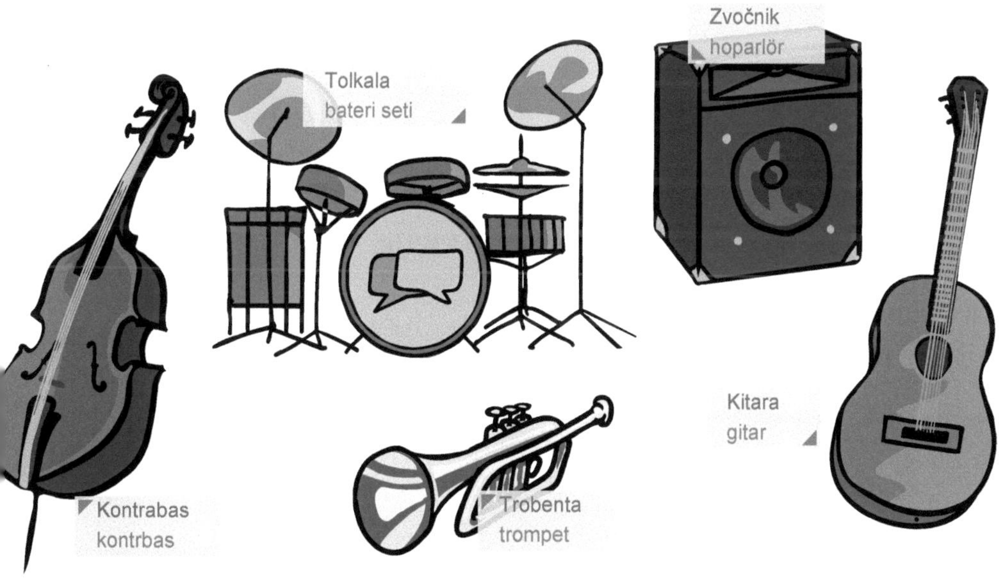

Zvočnik
hoparlör

Tolkala
bateri seti

Kitara
gitar

Kontrabas
kontrbas

Trobenta
trompet

Klavir

piyano

Violina

keman

Bas kitara

basgitar

Pavke

timpani

Bobni

bateri

Sintetizator

klavye

Saksofon

saksafon

Flavta

flüt

Mikrofon

mikrofon

Živalski vrt

hayvanat bahçesi

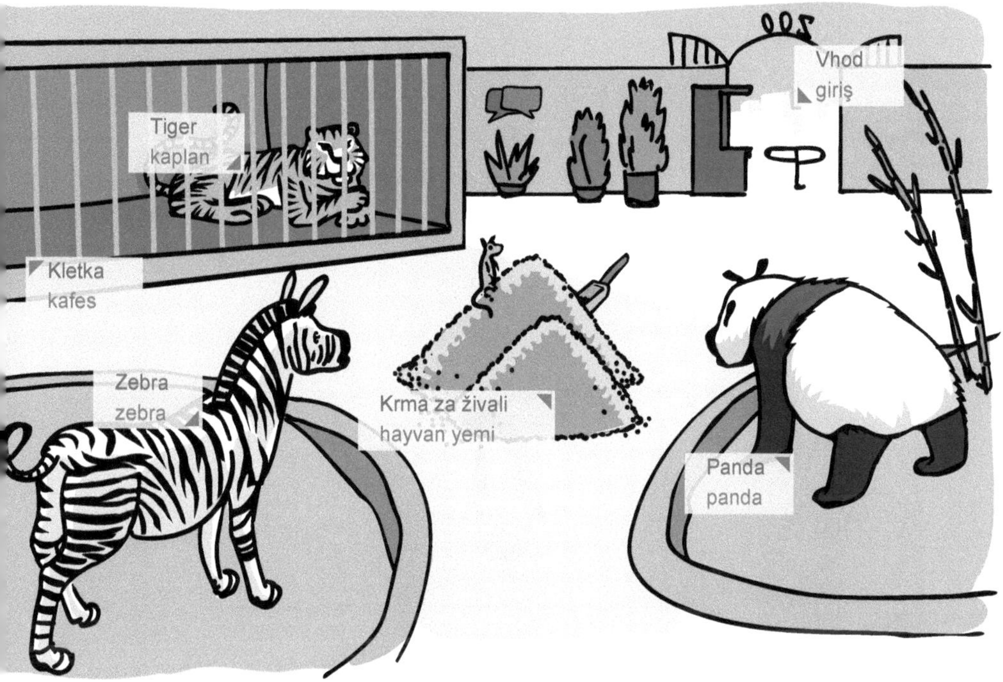

zoo
Vhod
giriş
Tiger
kaplan
Kletka
kafes
Zebra
zebra
Krma za živali
hayvan yemi
Panda
panda

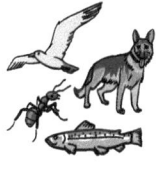

Živali
hayvanlar

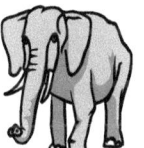

Slon
fil

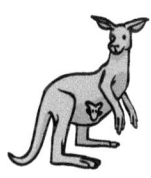

Kenguru
kanguru

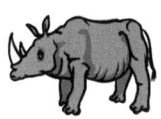

Nosorog
gergedan

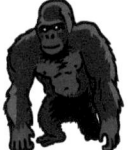

Gorila
goril

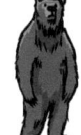

Medved
ayı

Kamela

deve

Noj

deve kuşu

Lev

aslan

Opica

maymun

Plamenec

flamingo

Papagaj

papağan

Severni medved

kutup ayısı

Pingvin

penguen

Morski pes

köpek balığı

Pav

tavus kuşu

Kača

yılan

Krokodil

timsah

Oskrbnik v živalskem vrtu

hayvanat bahçesi görevlisi

Tjulenj

fok

Jaguar

jaguar

Poni

midilli atı

Leopard

leopar

Povodni konj

su aygırı

Žirafa

zürafa

Orel

kartal

Divji prašič

yaban domuzu

Riba

balık

Želva

kaplumbağa

Mrož

mors

Lisica

tilki

Gazela

ceylan

Ameriški nogomet
amerikan futbolu

Kolesarjenje
bisiklete binme

Tenis
tenis

Košarka
basketbol

Plavanje
yüzme

Boks
boks

Hokej
buz hokeyi

Nogomet
futbol

Badminton
badminton

Atletika
atletizm

Rokomet
hentbol

Smučanje
kayak

Polo
polo

Smejati se
gülmek

Skočiti
atlamak

Objeti
sarılmak

Hoditi
yürümek

Peti
söylemek

Sanjati
hayal etmek

Moliti
dua etmek

Poljubiti
öpmek

Pisati

yazmak

Risati

çizmek

Pokazati

göstermek

Potisniti

itmek

Dati

vermek

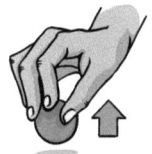

Vzeti

almak

Imeti

sahip olmak

Narediti

yapmak

Biti

olmak

Stati

ayakta durmak

Teči

koşmak

Vleči

çekmek

Vreči

atmak

Pasti

düşmek

Ležati

yalan söylemek

Čakati

beklemek

Nositi

taşımak

Sedeti

oturmak

Obleči se

giyinmek

Spati

uyumak

Zbuditi se

uyanmak

Gledati	Jokati	Božati
bakmak	ağlamak	vurmak

Česati se	Govoriti	Razumeti
taramak	konuşmak	anlamak

Vprašati	Poslušati	Piti
sormak	dinlemek	içmek

Jesti	Pospraviti	Ljubiti
yemek	düzenlemek	sevmek

Kuhati	Voziti	Leteti
pişirmek	sürmek	uçmak

Jadrati

denize açılmak

Računanje

hesapla

Brati

okumak

Učiti se

öğrenmek

Delati

çalışmak

Poročiti se

evlenmek

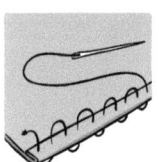

Šivati

dikmek

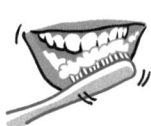

Ščetkati si zobe

diş fırçalamak

Ubiti

öldürmek

Kaditi

sigara içmek

Poslati

yollamak

Družina
aile

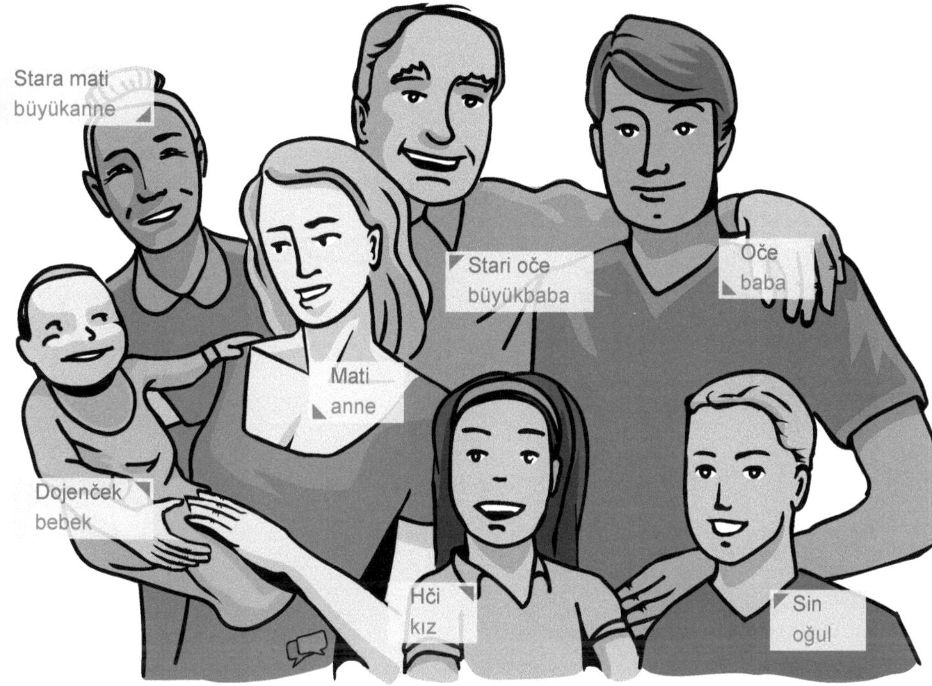
Stara mati
büyükanne
Stari oče
büyükbaba
Oče
baba
Mati
anne
Dojenček
bebek
Hči
kız
Sin
oğul

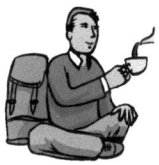

Gost

misafir

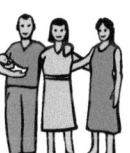

Teta

teyze

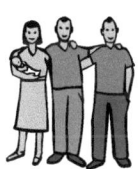

Stric

amca

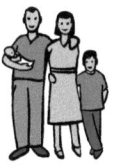

Brat

erkek kardeş

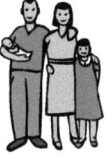

Sestra

kız kardeş

Telo
vücut

Čelo
alın
Oko
göz
Rama
omuz
Prst
parmak
Obraz
yüz
Brada
çene
Dlan
el
Noga
bacak
Prsi
göğüs
Roka
kol

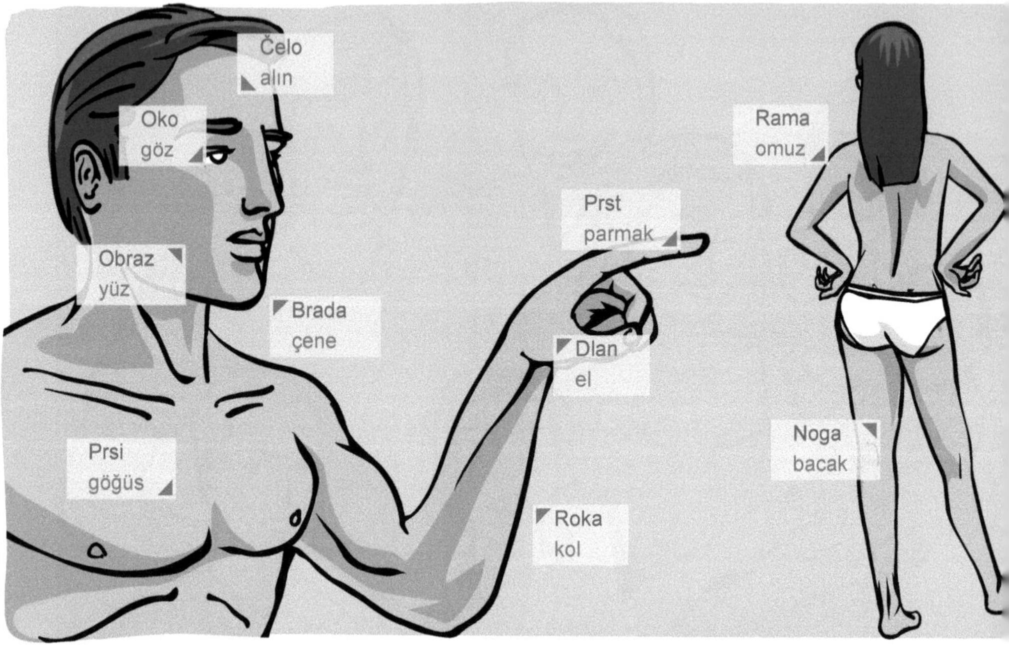

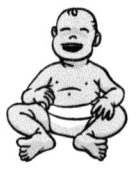

Dojenček
bebek

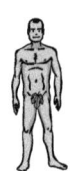

Človek
adam

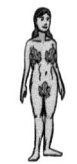

Ženska
kadın

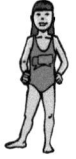

Dekle
kız

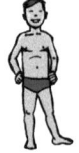

Fant
erkek çocuk

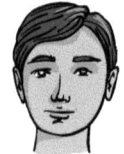

Glava
baş

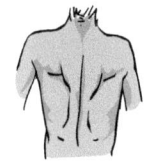	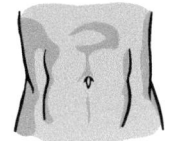	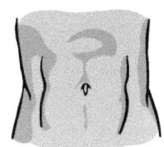
Hrbet	**Trebuh**	**Popek**
sırt	karın	göbek
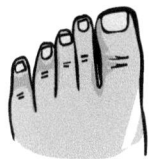	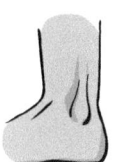	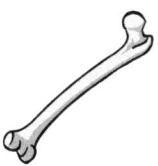
Prst na nogi	**Peta**	**Kost**
ayak parmağı	topuk	kemik
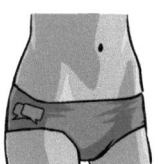	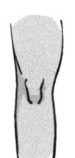	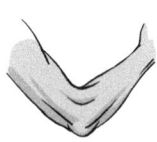
Kolk	**Koleno**	**Komolec**
kalça	diz	dirsek
	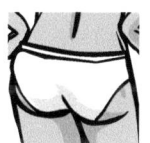	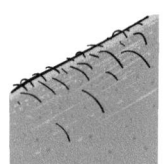
Nos	**Zadnjica**	**Koža**
burun	kalça	deri
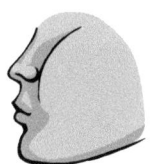	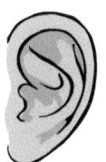	
Lice	**Uho**	**Ustnica**
yanak	kulak	dudak

Usta

ağız

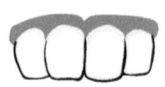

Zob

diş

Jezik

dil

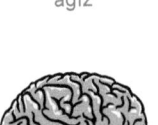

Možgani

beyin

Srce

kalp

Mišica

kas

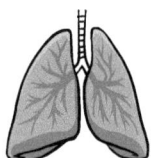

Pljuča

akciğer

Jetra

karaciğer

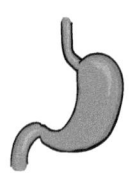

Želodec

mide

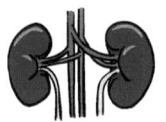

Ledvice

böbrekler

Spolni odnos

seks

Kondom

prezervatif

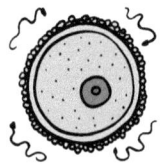

Jajčece

yumurtalık

Semenska tekočina

sperm

Nosečnost

hamilelik

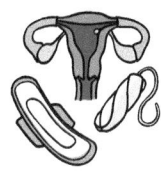

Menstruacija

regl

Vagina

vajina

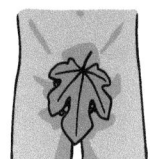

Penis

penis

Obrv

kaş

Lasje

saç

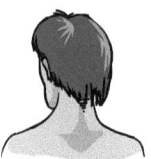

Vrat

boyun

Bolnišnica
hastane

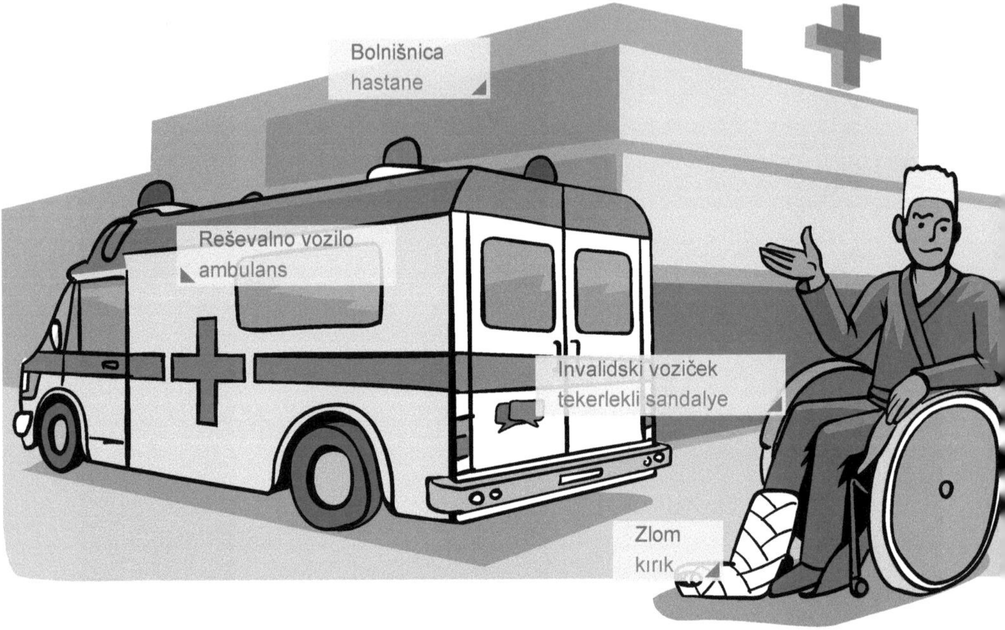

Bolnišnica
hastane
Reševalno vozilo
ambulans
Invalidski voziček
tekerlekli sandalye
Zlom
kırık

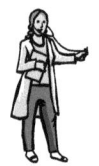

Zdravnik
doktor

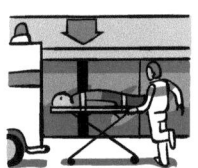

Urgenca
acil servis

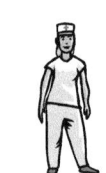

Medicinska sestra
hemşire

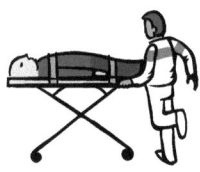

Nujni primer
acil

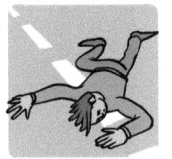

Nezavesten
baygın

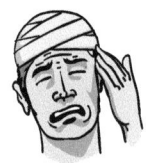

Bolečina
acı

Poškodba

yaralanma

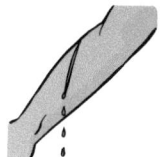

Krvavenje

kanama

Srčni infarkt

kalp krizi

Kap

felç

Alergija

alerji

Kašelj

öksürük

Vročina

ateş

Gripa

grip

Driska

ishal

Glavobol

baş ağrısı

Rak

kanser

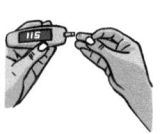

Sladkorna bolezen

şeker hastalığı

Kirurg

cerrah

Skalpel

neşter

Operacija

operasyon

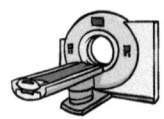

CT

bilgisayarlı tomografi

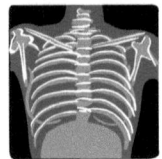

Rentgen

röntgen

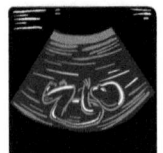

Ultrazvok

ultrason

Obrazna maska

yüz maskesi

Bolezen

hastalık

Čakalnica

bekleme odası

Bergla

koltuk değneği

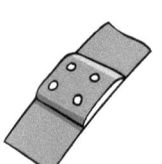

Obliž

yara bandı

Preveza

bandaj

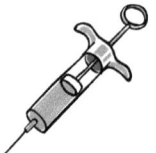

Injekcija

enjeksiyon

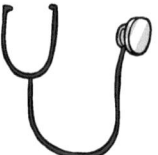

Stetoskop

steteskop

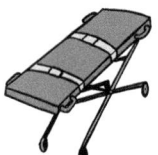

Nosila

sedye

Klinični termometer

tıbbi termometre

Porod

doğum

Prekomerna teža

fazla kilo

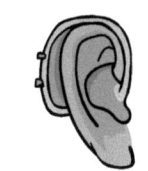

Slušni pripomoček

işitme cihazı

Razkužilo

dezenfektan

Okužba

enfeksiyon

Virus

virüs

HIV / AIDS

HIV / AIDS

Medicina

ilaç

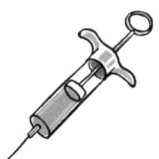

Cepljenje

aşı

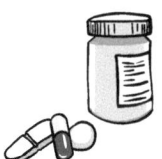

Tablete

tablet

Tableta

hap

Klic v sili

acil çağrı

Merilnik krvnega tlaka

tansiyon aleti

bolano / zdravo

hasta / sağlıklı

Na pomoč!
İmdat!

Alarm
alarm

Napad
darp

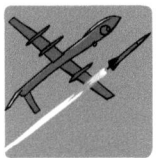

Napad
saldırı

Nevarnost
tehlike

Izhod v sili
acil çıkış

Gori!
Yangın!

Gasilni aparat
yangın tüpü

Nezgoda
kaza

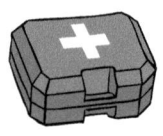

Komplet za prvo pomoč
ilk yardım çantası

SOS
imdat

Policija
polis

Evropa

Avrupa

Severna Amerika

Kuzey Amerika

Južna Amerika

Güney amerika

Afrika

Afrika

Azija

Asya

Avstralija

Avustralya

Atlantski ocean

Atlantik

Tihi ocean

Pasifik

Indijski ocean

Hint Okyanusu

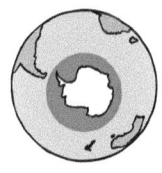

Južni ocean

Antarktika Okyanusu

Arktični ocean

Arktik Okyanusu

Severni tečaj

Kuzey Kutbu

Južni tečaj

Güney Kutbu

Antarktika

Antarktika

Zemlja

dünya

Kopno

kara

Morje

deniz

Otok

ada

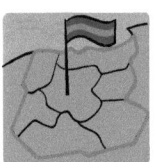

Narod

ulus

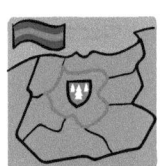

Država

ülke

Številčnica
kadran

Urni kazalec
akrep

Minutni kazalec
yelkovan

Sekundni kazalec
saniye ibresi

Koliko je ura?
Saat kaç?

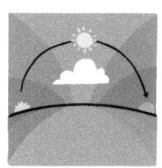

Dan
gün

Čas
zaman

Zdaj
şimdi

Digitalna ura
dijital saat

Minuta
dakika

Ura
saat

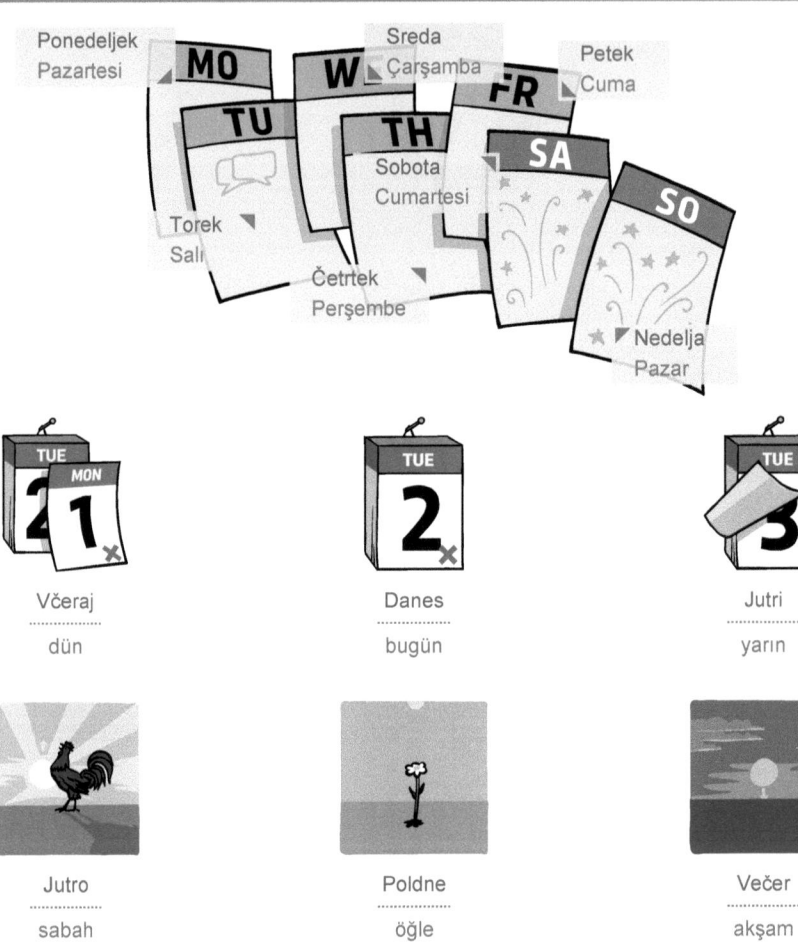

Ponedeljek / Pazartesi — MO

Sreda / Çarşamba — W

Petek / Cuma — FR

TU — Torek / Salı

TH — Sobota / Cumartesi

SA

SO

Četrtek / Perşembe

Nedelja / Pazar

Včeraj	Danes	Jutri
dün	bugün	yarın
Jutro	Poldne	Večer
sabah	öğle	akşam
Delovni dnevi	Konec tedna	
iş günleri	hafta sonu	

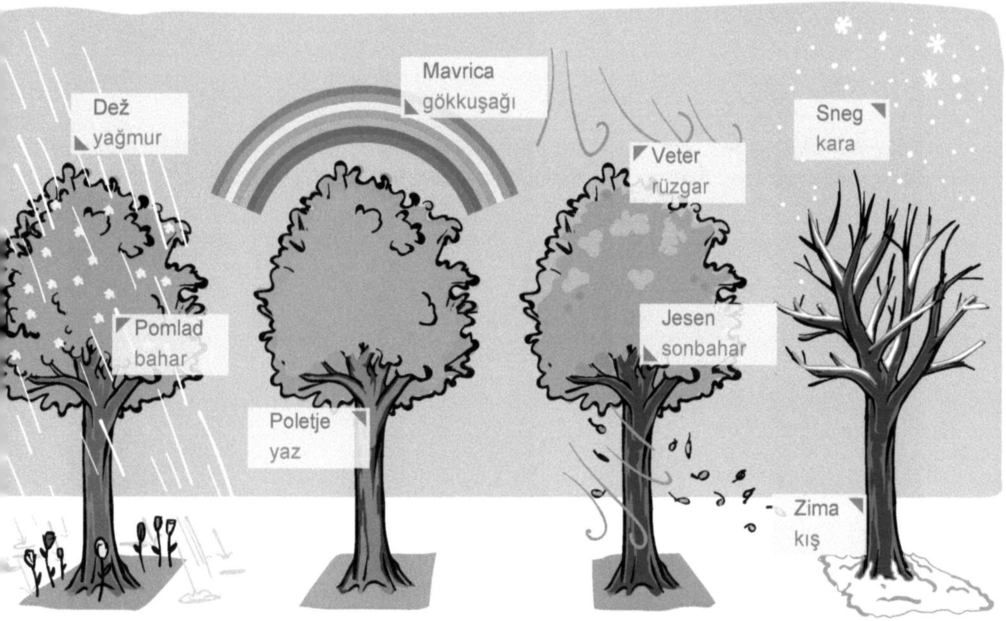

Dež
yağmur

Mavrica
gökkuşağı

Veter
rüzgar

Sneg
kara

Pomlad
bahar

Poletje
yaz

Jesen
sonbahar

Zima
kış

Vremenska napoved

hava durumu tahmini

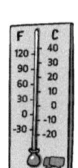

Termometer

termometre

Sončna svetloba

güneş ışığı

Oblak

bulut

Megla

sis

Vlažnost

nem

Strela

şimşek

Grom

gök gürültüsü

Nevihta

fırtına

Toča

dolu

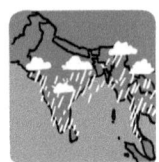

Monsun

muson

Poplava

sel

Led

buz

Januar

Ocak

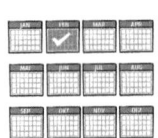

Februar

Şubat

Marec

Mart

April

Nisan

Maj

Mayıs

Junij

Haziran

Julij

Temmuz

Avgust

Ağustos

Leto - yıl

September
Eylül

Oktober
Ekim

November
Kasım

December
Aralık

Oblike
şekiller

Krogla
daire

Kvadrat
kare

Pravokotnik
dikdörtgen

Trikotnik
üçgen

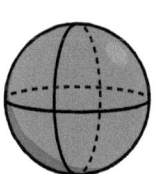

Krogla
küre

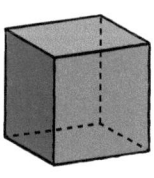

Kocka
küp

Bela

beyaz

Rumena

sarı

Oranžna

turuncu

Rožnata

pembe

Rdeča

kırmızı

Vijolična

mor

Modra

mavi

Zelena

yeşil

Rjava

kahverengi

Siva

gri

Črna

siyah

veliko / malo

çok / az

jezno / umirjeno

kızgın / sakin

lepo / grdo

güzel / çirkin

začetek / konec

başlangıç / son

veliko / majhno

büyük / küçük

svetlo / temno

parlak / karanlık

brat / sestra

rkek kardeş / kız kardeş

čisto / umazano

temiz / kirli

popolno / nepopolno

tamam / eksik

dan / noč

gün / gece

mrtvo / živo

ölü / canlı

široko / ozko

geniş / dar

užitno / neužitno

yenilebilir / yenilemez

zlobno / prijazno

kötü / iyi

vznemirjeno / zdolgočaseno

heyecanlı / sıkılmış

debelo / vitko

şişman / zayıf

prvo / zadnje

ilk / son

prijatelj / sovražnik

dost / düşman

polno / prazno

dolu / boş

trdo / mehko

sert / yumuşak

težko / lahko

ağır / hafif

lakota / žeja

açlık / susuzluk

bolano / zdravo

hasta / sağlıklı

nezakonito / zakonito

yasa dışı / yasal

pametno / neumno

zeki / aptal

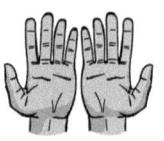

levo / desno

sol / sağ

blizu / daleč

yakın / uzak

Nasprotja - zıt anlamlılar

novo / rabljeno

yeni / kullanılmış

nič / nekaj

hiçbir şey / bir şey

staro / mlado

yaşlı / genç

vklopljeno / izklopljeno

açma / kapama

odprto / zaprto

açık / kapalı

tiho / glasno

sessiz / gürültülü

bogato / revno

zengin / fakir

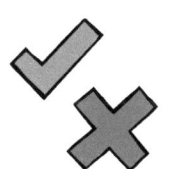

prav / narobe

doğru / yanlış

grobo / gladko

pürüzlü / düz

žalostno / veselo

üzgün / mutlu

kratko / dolgo

kısa / uzun

počasi / hitro

yavaş / hızlı

mokro / suho

ıslak / kuru

toplo / hladno

sıcak / serin

vojna / mir

savaş / barış

0	**1**	**2**
Ničla	Ena	Dva
sıfır	bir	iki

3	**4**	**5**
Tri	Štiri	Pet
üç	dört	beş

6	**7**	**8**
Šest	Sedem	Osem
altı	yedi	sekiz

9	**10**	**11**
Devet	Deset	Enajst
dokuz	on	on bir

12	**13**	**14**
Dvanajst	Trinajst	Štirinajst
on iki	on üç	on dört

15	**16**	**17**
Petnajst	Šestnajst	Sedemnajst
on beş	on altı	on yedi

18	**19**	**20**
Osemnajst	Devetnajst	Dvajset
on sekiz	on dokuz	yirmi

100	**1.000**	**1.000.000**
Sto	Tisoč	Milijon
yüz	bin	milyon

Angleščina

İngilizce

Ameriška angleščina

Amerikan İngilizcesi

Mandarinščina

Çince (Mandarin)

Hindujščina

Hintçe

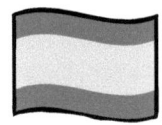

Španščina

İspanyolca

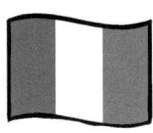

Francoščina

Fransızca

Arabščina

Arapça

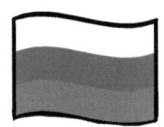

Ruščina

Rusça

Portugalščina

Portekizce

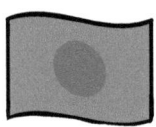

Bengalščina

Bengalce

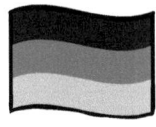

Nemščina

Almanca

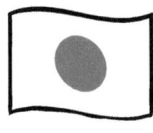

Japonščina

Japonca

Jaz

ben

Ti

sen

On / ona / tisto

o

Mi

biz

Vi

siz

Oni

onlar

Kdo?

kim?

Kaj?

ne?

Kako?

nasıl?

Kje?

nerede?

Kdaj?

ne zaman?

Ime

isim

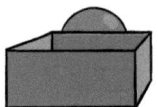

Zadaj
arkasında

V
içinde

Pred
önünde

Nad
üzerinde

Na
üstünde

Pod
altında

Poleg
yanında

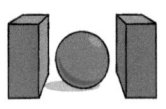

Med
arasında

Kraj
yer